PHYSIOLOGIE

DE

L'INVASION PRUSSIENNE.

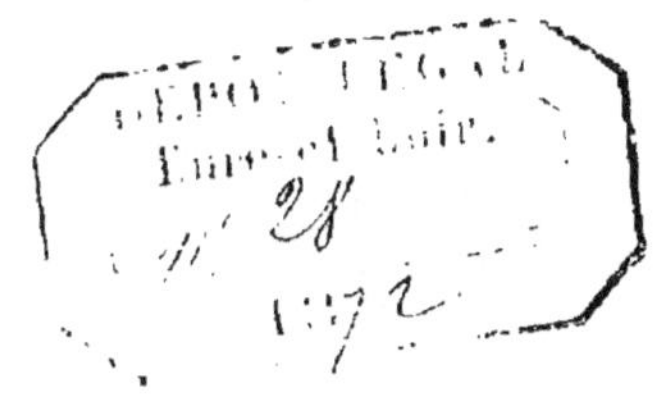

Une tête carrée dans un casque rond.

On dépose les cartes de visite.

Arrivée du flot envahisseur.
Une vraie musique de meneurs d'ours.

La marée montante.

On se régale de *fleisch*, mais pour le pain..... *nichts !*

A la cave : — Quoique habitué à la bière,
on ne déteste pas le *wein*.

**

Résultat de l'abus de la *fleisch*.

Galanterie prussienne : — « Oh ! Monsieur, c'est ma chambre !
— Qué foulez-fous, Matame, zest la querrre. »

Les *manns* étaient heureusement moins difficiles
sur l'article du coucher.

On se chauffe à la prussienne.

Les honneurs militaires.

A l'exercice. — De vrais automates montés sur pivot.

Pour l'exercice de haute école... pas fort !
Mais une fois en selle... houp !

Les canons de Cachemback, à Chartres.

On crénèle les murs, on barricade
les routes.

Un magnifique obser-
vatoire.

Cáffé avant le départ.

Retour d'une expédition : — Fusillade, incendie, pillage !
Camarades, capout !!!

Voituriers à la suite de l'armée, descendants en droite ligne des *Gueux* de Callot.

Départ définitif : — Enfin ! le long cauchemar va finir.

Après le départ : — Souvenirs laissés aux ménagères.